伊尹

汤液之祖

张馨月 编写

吉林出版集团股份有限公司
全国百佳图书出版单位

图书在版编目（CIP）数据

汤液之祖　伊尹 / 张馨月编 . -- 长春 ：吉林出版
集团股份有限公司，2020.2（2023.5重印）
ISBN 978-7-5581-7928-0

Ⅰ．①汤… Ⅱ．①张… Ⅲ．①伊尹(商)－传记 Ⅳ．
①K827=23

中国版本图书馆CIP数据核字(2019)第260577号

汤液之祖　伊尹
TANGYE ZHI ZU　YI YIN

编　写 张馨月	**责任编辑** 黄　群	
策　划 曹　恒	林　琳	
	封面设计 MM末末美书	

开　本	710mm×1000mm　1/16	**出版/发行**	吉林出版集团股份有限公司	
字　数	75千	**地　址**	吉林省长春市福祉大路5788号	
印　张	8	**邮　编**	130000	
版　次	2020年2月第1版	**电　话**	0431-81629968	
印　次	2023年5月第2次印刷	**邮　箱**	11915286@qq.com	

印　刷 三河市金兆印刷装订有限公司　ISBN 978-7-5581-7928-0　**定　价** 39.80元

前言

　　中医文化是中国优秀传统文化的重要组成部分，具有创新文化的潜质。中医学是中国传统科学中沿用至今的富有中国文化特色的医学，它具有完备的理论体系，独特的诊疗方法和显著的临床疗效等特征。在中华民族五千年的历史长河中，中医学始终担负着促进人身健康的重要角色，是中华民族长期同疾病作斗争的智慧结晶，它为中华民族的繁衍昌盛提供了重要保障。

　　《汤液之祖　伊尹》这本书主要收录了伊尹的成长经历和奇闻逸事等。读者通过这些故事，可以了解中医名家救死扶伤、拯救天下苍生的医德精神和中医文化的博大精深。

本书内容通俗生动，易于读者阅读。书中配以与中医文化知识相关的图片，并选取了具有代表性的伊尹祠和大伊山的特色风光作为跨页大图，使本书的内容更加生动传神，更具亲和力和吸引力。本书不仅是为了让读者了解中医文化，更是为了讲好"中国故事""中医故事"。

　　希望通过本书，读者对优秀中医文化会有更加深刻的了解和认识，能够更加热爱中医文化。通过我们对医学名家的传颂，优秀的中医文化必将再放异彩。

目录

伊尹，名挚，伊氏，尹为官名。商初大臣。著有《太甲训》三篇。

第一章

元圣伊尹名古今 可知降生在此处

在夏朝末期，有一年洪水泛滥，一名刚出生不久的婴儿随着水流一路漂浮至他乡，竟然毫发无损，后来被有莘氏宫廷的厨师收养，取名为挚。这个被收养的孩子，就是后来名扬古今的商朝开国功臣——伊尹，一个一生都充满着传奇色彩的旷世奇人……

这是一个再平常不过的夏日午后。

空气仿佛是凝结的，使人慵懒得不想挪动一点儿，只有窗外的知了聒噪地狂叫着，好像是在撕咬笼罩在它们身上的热气……

屋内的妇人似睡非睡，感觉身体沉甸甸的，似乎有什么东西在往身体里钻。她猛然一惊，迅速翻过身，想要抓住身边的丈夫，可刚一动，身体就加速地往下沉，根本没有力气挣扎。妇人害怕极了，想大声呼喊求救，但干渴的喉咙发不出一点儿声音，身体就这样不停地下陷着。

——哪里来的水！

妇人发现自己原来正在往水下沉着。

"我的孩子就要出生了，怎么可以溺水呢？我的孩子……"妇人痛苦地哀号着，同时伸手去摸自己的肚子，却发现原本隆起的肚皮竟然变平坦了。

——孩子哪去了？我的孩子死了吗？我这是在哪儿呢？

——没有孩子，我也不活了！

妇人双手胡乱地抓着，各种想法涌上心头。她无法求救，身边也没有任何可以让她倚靠的支撑。此刻的妇人就像一片飘摇的树叶，不知所措。

就在这时，水底忽然像裂开了一般，妇人陷入了无尽的深渊，身体迅速地坠落，她根本无法意识到此刻正在发生什么。在慌乱、恐惧中，

粼粼水波

她猛地睁开了双眼，可映入她眼中的，只有头上的粼粼水波。突然间一阵眩晕，她便失去了知觉。

不知昏迷了多久，妇人缓慢地张开双眼，眼前从模糊变清晰的是一张娇丽如花的陌生女子的脸孔。女子身上的纱衣缓缓飘动，宛若仙女一般，她的怀中竟然还抱着一个婴儿。

"你知道我是谁吗？"陌生女子微笑着问。

妇人哪里见过这般美丽高贵的女子，一时间不知道该怎么回答，于是张开嘴巴哑然地笑了笑，马上又闭上了嘴。

"我就是你一直在祭拜着的这条河流的主人。"

——这是伊水的女神！

伊水发源于现今河南省洛阳市的栾川，流经嵩县、伊川，在偃师注入洛水，洛水则注入黄河。

妇人支撑着无力的身体勉强站起来，克制着双膝的颤抖俯首跪拜。

"你抬起头来，看看这个小婴孩，很漂亮，对不对？因为你一直虔诚地祭拜我，这一次我就饶过你和你孩子的性命了。"

妇人没有听明白女神的话，并且没有意识到应该赶快谢恩，还是呆呆地跪在那里。

女神突然收敛了微笑，说道："你仔细听我接下来要说的话，今后每一句都不可以违背。这伊水的河流有一天会泛滥……"

妇人的心头像是被重锤敲了一下，顿然一惊——是洪水要来了吗？

女神继续嘱咐道："如果你看到青蛙爬上你家的水缸或者灶台，就赶紧抱着你的孩子往东走，十里之外有一片桑园，那里有一棵特别高大的桑树，树干中间有一个空洞，你就把孩子放在那个树洞里面。不过，在小孩放进桑树洞之前，你记住绝对不能回头看，如果回头了，你们的村庄就会因此而遭遇大难。关于洪水这件事，你告诉村里人也没关系，恐怕没有人会相信你说的话，他们反而会认为你是个疯婆子。现在，这婴孩就还给你吧。"

桑树

就在妇人接过婴孩的那一瞬间，她的梦醒了。

还没来得及回味这场虚惊，妇人立刻就被身体猛烈的阵痛再次折磨得哇哇大叫，原来她正在生产的过程中。

黎明时分，妇人产下了一名珠玉一般的男婴。妇人看到婴儿，顿时心里一惊，这婴儿竟然和梦里面伊水女神抱着的孩子长相一模一样！

——啊！洪水！

妇人顾不得刚刚生产完的疼痛，血液瞬间冲上头顶，虚弱又紧张的她几乎张不开嘴，但还是发出了类似喊叫的声音。她的家人以为她是产后亢奋，就一个劲儿地让眼睛充满血丝、急得支支吾吾说不出话的妇人多多休息。

两天以后，妇人的身体刚恢复了一些，就迫不及待地和丈夫一五一十地说了梦中的事情。她生怕落下什么细节，所以这两天之中，她一边哺乳，一边休养身体，脑中还在一遍又一遍地回想梦中的事情以及女神和她说的话。

"伊水的女神是这么说的吗？"丈夫正端详着小婴儿的脸，听到妻子的话吃了一惊，随即陷入了沉思中。村里几乎所有人都知道，洪水意味着死亡啊！妻子说的话可不能一笑置之。可是他转念又想，祭祀伊水女神的又不是

勝境

只有我一家，女神怎么会单单挑上自己的妻子做预言呢？更何况村里有受人敬重的巫祝（侍奉神的人），平时村民有什么心愿都会通过巫祝转达给神灵。巫祝再把牲畜投入河中，以祭祀伊水的女神。如果是有关女神对大水的预言，那也必定是巫祝来转达啊！初为人母的妇人却反驳道："巫祝哪有那么大的本事，那时候天空一下子出现了十个太阳，为什么他连吭都没吭一声？"妇人噘着嘴，隐隐地批评巫祝，嘴里还嘟囔着："一定是因为那件不吉利的事，大王才驾崩的。"话才出口，丈夫就急忙捂住妻子的嘴巴，不让她说下去。

的确，在几个月前，曾出现过十个太阳并列挂在天空中的奇异现象。天空出现十个太阳并非古代人的错觉，而是一种类似海市蜃楼的景象。只不过在当时的夏朝，这种奇异的现象可不是一句"异象"就能带过的，那时民间都谣传，是历象官（专管太阳运行的巫祝）的失职导致太阳的异常运转。这一现象也被视为夏朝衰亡的征兆，导致诸侯纷纷叛离，最后朝廷的历象官也被处以死刑。这一年，即帝廑八年，夏帝廑驾崩，继位的是他的堂兄孔甲。夏的王位传至此王，为第十四代。夏要灭亡的说法如同蜘蛛结网一般蔓延开来，甚至传到穷乡僻壤，传得万民皆知。

天空中的十个太阳

虽然嘴上不说，但是丈夫还是为妻子忧伤的神情所动，于是和父亲去平日信服的长老家拜访商谈。长老肯定了青蛙爬上灶台的确是洪水来临的征兆，但也婉转地告诉他们，这毕竟是梦中无法确定的预言，还是不要随意传播为好。于是，二人改变心意，回家告诉妇人，这种荒唐事最好少去嚷嚷，免得成为村民的笑柄。妇人似乎早就料到了这个答案，于是说："女神认为我说了洪水的事情也不会有人相信，果然没错。"

随着时光的流逝，妇人也渐渐看淡了这件事，只是有时看到灶台，她还是会心中一惊。就在一天早上，送走公公与丈夫之后，妇人不自觉地回头看了看灶台，赫然发现竟然有一只青蛙在上头，顿时一阵眩晕。

——难道，这是……

洪水

妇人急着想消除不安，也急着压制心头正要兴起的波澜，便慌忙抓起青蛙扔到了院子外面，然后转头一边抚拍着胸口，一边赶快奔回屋里。进门前她抬头一看，发觉天空居然开始乌云密布。哎呀！糟糕！她一边低喃着，一边望向屋内，可不得了了！一瞬间，灶台好像"膨胀"了一倍，其实是青蛙又爬上来了，只不过这次不止一只，密密麻麻，挤成了一堆。青蛙睁着一双鼓凸的眼睛，死盯着她看。妇人的大腿不住地颤抖起来，全身顿时失去了力量，她现在满脑子都是曾经想过千万遍的伊水女神的忠告。她踉跄地回到屋内，抱起婴儿拼命往外跑去。这时天空中一片乌黑，雨已经大滴大滴地落了下来，并且越来越猛烈，仿佛要消灭眼前的万物似的。天地开始变色，妇人怎么也找不到公公和丈夫，不禁放声痛哭。

——向东走！

妇人耳中只回响着这个声音。接近疯狂的妇人已经无法辨别方向，只知道跟着声音的方向拼命地跑，不，准确地说是有一股神奇的力量在推动着她跑。大风在她身后呼呼地追赶，大雨啪啪地打在她的身上，怀里的婴儿已哭破嗓子，嘶哑地呼喊着，无情的雨水直往他的小嘴里灌。大概跑了十里路，就在妇人筋疲力尽的时候，她的眼前豁然出现了一片桑园。这不是在做梦吧？真的是桑园！妇人似乎恢复了一些意识，也顾不上辨别真假，慌忙抱紧婴儿，连滚带爬地跑了进去。进入桑园以后，妇人惊呆了，这里居然没有暴风雨，甚至还有阳光，泥土竟也是干的。妇人只感觉双腿一软，整个人伏倒在地，怀中的婴儿差点儿掉落，四周静寂得令人无法相信，只听得到自己剧烈的喘息声。也不知过了多久，她·终于感觉有点儿力气了，妇人缓缓地站起身子，抱着婴儿开始寻找大桑树。当她终于站在她要找的树干上带有一个空洞的大树面前时，她的心终于获得了某种安全感。按照之前女神的说法，她找到了这棵

桑树

桑树，他们就有救了。

可是，丈夫不知道怎么样了？公公和村子不知道怎么样了？妇人或许忘记了女神所说的不可回头看的告诫；又或许已经想到，却出于某种好奇而故意违背似的，她竟然回头了。

轰！一阵世上从未有过的巨响穿过妇人的耳膜，如猛兽般的大水呼啸而来，好像张开的巨嘴，要把妇人吞噬。妇人已经没有时间再思考任何事情，只是出于母亲的本能反应，在即将溺水之际，高举双臂把婴儿扔进了头顶的树洞中，瞬间便葬身水底了。

洪水彻底毁坏了村庄和桑园，世界仿佛又回归了平静。老桑树替代了母亲的怀抱，托着婴儿浮出水面。此时的婴儿正吮吸着自己的舌头做吃奶状，偶尔无力地哭叫一声。他并不知道自己从此已无法再躺在母亲的怀抱中，也不知道自己会漂到哪里去，究竟还能活多久，他只是拼命地吮吸着自己的小舌头。

宛如舟船的桑树，载着婴儿向东漂流而去，进入济水，这是一条几乎笔直向东流的河，是黄河的支流。桑树最后被冲到了岸边，地点大概在今山东省与河南省的交界处，桑树向东漂流了足足有二百公里之远。婴儿此时已陷入脱水状态，但总算保住了性命。更幸运的是，他偶尔有气无力的哭声，被一位来采摘桑叶的姑娘听到了。姑娘循声找去，发现一棵老桑树的空心树干中有一个小婴儿，他赤裸着身子，奄奄一息，小手小脚偶尔抽动，大张着嘴巴却发不出声音。姑娘在一阵惊讶过后，连忙从桑树的空洞中抱起了婴儿，扯了裙子上面的一块布将婴儿包住，然后往家里跑去。

这位姑娘是济水中部流域的统治者"有莘氏"一族的采桑婢女。这片广袤沃野，长满了一种可以入药的"莘"草（即我们现在熟知的中药材细辛），因此以"莘"为国名；有莘氏的"有"字，是向夏王朝贡的诸侯的敬称。那时候的君主不称"侯"，而称"后"，因此，有莘氏的君主便被称为"莘后"。婢女采桑回宫后，立刻向莘后禀报了她在桑树洞中捡拾婴孩的事情。莘后听闻，立刻意识到这不是一件普通的事情，于是亲自去探望"桑树所生的婴儿"。莘后上下打量着正在接受侍女照顾的婴儿。为了确定事情的真伪，他还带着左右随从去看了运载婴儿的那棵桑树。隔了半晌，他难以置信却又无比坚定地说："祭拜这棵神树！"莘后命人将树运回宫殿，并准备庆贺宴席。

莘后之所以会对这棵桑树如此看重，是因为当时桑树被奉为能够生出太阳的神木，太阳的数目并不是无限的，只是十个。每天桑树生出一个太阳，然后太阳就升上天。桑树是生出太阳的树，那么，从桑树中生下来的孩子不就是"太阳之子"嘛！

——太阳赐福于我有莘氏啊！

再也没有什么比这件事情更加值得庆祝的了。几日之后，待小婴儿的身体恢复些了，莘后便举办了盛大的庆贺宴席。他在众臣面前也格外开心，命侍女将婴儿抱到宴席上，让大家都围过来仔细瞧瞧孩子的模样。众人目睹了这件奇妙的事，纷纷表示恭贺，恭贺之声在宫殿中久久回荡。莘后还传了命令，让百姓家家户户张灯结彩，庆贺这件祥瑞之事。所以几天之内，有莘氏人人皆知喜获祥瑞的"太阳之子"。百姓簇拥到宫室门前，都想一睹这个"神子"的面容。莘后听后哭笑不得，但是并没有生气，甚至以为这是有莘氏要统领天下的前兆。于是，

宫殿一角

细辛

莘后立刻有了用心抚育这个孩子的想法,如果将他收为养子,也是可以考虑的。可莘后转念一想,内心又有一点儿担忧,原因是这个来历不明的奇婴受到了意想不到的欢迎。据他观察,这个孩子日后必成大器,如果将其视为己出,有莘一族岂不是有听命于他的危险?想到这里,莘后不禁打了一个寒战,便打消了先前的念头。

但是,如果对这个奇婴不管不顾,莘后又多少有些不舍,他总觉得这婴儿会为有莘一族带来福气。经过一番心理斗争,莘后想到了一个折中的办法,他决定不着急赐予这婴儿高贵的身份,将他留在自己的身边,成为"烰人"。

烰人也可称为庖人,也就是厨师。在有莘氏宫廷中的厨师是专门为莘后、正妃、世子制作食物的,并掌管食材、药材、调味品等。他们的身份虽然卑微,但却能随时出现在莘后身边,与莘后十分亲近。莘后的本意是能够时常关注到这个孩子，对他进行培养，同时也能对得宠的他有个制约。

通过一番调理，原本羸弱的婴儿逐渐康复。莘后传来烰人，命令道："你就把他当自己的儿子来抚养吧。"随后还加了一句："这个婴儿现在虽然被传为神子，但你绝不能溺爱他，对他的管教要更加严格。"莘后表情严肃，但是内心早已被襁褓中绽放笑容的天真婴儿融化了。莘后只希望将这孩子赐予个好人，能够对他细心照料，用心调教，让他日后成就一番事业，能为有莘氏带来好的运气和伟大功绩。莘后还为婴儿取名为"挚"，或许是因为感念神的挚爱吧。但是莘后并未赐予他有莘一族的姓氏，因为他是从伊水一方漂流而来，所以用"伊"来作为他的姓氏。这个"桑之子"就此也就算是安置完毕了。小"伊挚"也就是从这里开始了他的"第二次生命"。

知识加油站

有莘国——夏朝末年的诸侯国。根据《嵩县志》记载，有莘国位于今山东省曹县。

桑树叶

绿水青山

第二章

粥肴耕野庖牛丁　本草汤剂始伊挚

小小的伊挚精于汤粥做法，熟知食物的治病作用。他总结民间运用食物治疗疾病的经验和药物的治疗性能，创制了汤剂。汤剂的发明提高了中医药的疗效，汤剂也成为中医药学最主要的特色之一。

夏朝末年，有莘国绿树青山、溪水纵横、蓝天白云、群鸟翻飞，人们日出而作、日落而息。在烰人的养育下，"桑之子"小伊挚慢慢长大，转眼已经十三岁。他并没有被溺爱，尤其在庖厨工作中受到了严格的训练。虽然他年纪小，却已经显露出了异于同龄孩子的聪明智慧。即便受到严格管教，他也乐在其中，伊挚跟随养父耳濡目染，掌握了很多烹调食物的方法。

就说简单的高粱粥，挚为了让粥有更好的口感，也为了观察粥在熬煮过程中是否有什么特殊的变化，每天都会早早起床准备高粱和水，反复摸索多少水配多少高粱，用多大的火候，熬煮多久，粥的味道才是最好的。最后，他发现用文火慢熬整整三个时辰，才能把硬若石粒的高粱煮成一碗松软香糯的粥糜。将粥盛在碗中，晾至七八分的热度，食用起来口感最佳，食之让人胃脘舒适，闻起来沁人心脾。

再说君主吃的肉类食物，主要是牛肉、羊肉和猪肉。这些牲畜宰杀之后需要解剖，按照不同的部位，以最适合的方法进行烹调。这可是件困难的事。困难到什么程度呢？普通人想要解剖牛，刀拿在手里，根本不知道该从何下手，乱砍一气，而且经过这样一番折腾以后的牛肉，肉质非常紧硬，口感不好。常人一般要经过至少三年的光景弄清楚牛身上不同部位的肌肉和骨骼结构，才能游刃有余地将刀子插入牛的体内，且不破坏肉的结构。普通的庖人在解剖牛时，刀子会剁到牛骨，时间一长刀刃就会变钝，一个月或者充其量一年，就得换一把牛刀。但是高水平的庖人在解剖牛的时候动作如行云流水，就像跳舞一样，

很快就能将肉和骨头分离得干干净净。所以无论做什么事情，都需要用心观察，专心致志，还要有一颗恒心和坚定的信念，这都是要经过岁月的积淀以后才能做得到的。烰人割肉之后，接下来必须烹，这就是为什么我们把下厨的事称为"割烹"的原因。

"想要烹饪技术好，对水的使用也必须有充分的了解。水的好坏对烹煮的美味程度可是有决定性作用的。"挚的养父说。

后世也有这么一段故事，说在春秋时代，齐国王室有位名叫"易牙"的烰人，据说只要他一尝，就能够很轻易地说出水是出自哪一条河。

由此可以推知，无论哪个时代的厨师，都要培养敏锐的味觉和嗅觉，这也必须经过刻苦的锻炼才行。在养父的指导下，挚专心修炼庖厨的技能。

再来说回莘后，这个认定挚是个神奇之才的人，从来都没有间断过关注挚的成长，几乎每年都会询问挚的养父："挚现在怎么样了？"

牛

牛

这个所谓的"怎么样"可不是普通的"还健康吗",而是在问挚是否做出普通人没法做的、异于常人的事情。挚的养父以往每次都会回答:"托吾后之福,尚还健在。"可今年他的答复不一样:"挚会解剖牛了。"挚的养父说话的语气充满骄傲,但不懂割烹技术的莘后却掩不住失望的神情,说:"难道烰人之子会解剖牛,不是件理所当然的事吗?"为了能让莘后有所了解,挚的养父强调道:"只要懂得这个窍门,日后必然会成为出色的人。掌握这个本事的人,以少年而言,虽以天下之广,恐也只有挚一人可以为之。""哦,是吗?"显然,莘后的反应还是不怎么强烈,只是记得有这么一桩事情罢了。

然而,站在烰人的立场来看,十三岁的少年能够自如地解剖牛,

草原上的牛群

的确值得惊叹。其实挚的养父还忽略掉了一件更值得惊叹的事没向莘后禀报，那就是在屠牛场第一次将刀子交给挚时，挚手中的刀子丝毫没有颤抖，他就像个经验丰富的庖人一样，把牛分解了。

——这是不可能的事啊！

养父怀疑自己的眼睛，于是又试着让挚来解剖羊，但这一次他却未能像分割牛一样熟练，手法显得有些紊乱。他为什么只有解剖牛才那么自如呢？这也是很奇怪的事。

许久后的某天，莘后在参加帝发即位大典的飨宴上看到桌上的牛肉，就顺口对帝发提起自己宫室后厨的挚会解剖牛这件事。莘后本是

羊群

把这件事作为一个调节气氛的谈资，没想到帝发赞叹道："这可不是小孩能会的技艺。"莘后这才略微认真地看待此事，接着又说出了他可能会后悔很久的话："他的确会。本来这孩子的出生就很神奇，解剖牛也算是奇迹之一。"

"哦？出生就很神奇？莫非这孩子就是你曾经提过的桑之子吗？"帝发记忆力颇佳，至今他还记得自己当王子时莘后所说的那个传奇婴儿。帝发随即又说："很想看看那孩子解剖牛呢，说不定日后他能成为庖厨的名人。不如就把这孩子让给我吧。"莘后听了帝发这个让人意外的要求，显得有点儿慌乱失措，但是又不能违抗帝发的旨意，只能

草原上的景色

硬着头皮应允了下来。

回到有莘氏的领地以后，莘后就下令让挚前往夏邑，即夏王朝的都城。此番让挚前往夏邑王宫，莘后的说法是让他在夏王的御司膳房内多多学习。

"听说你会解牛？能不能在我面前表演一下呢？"帝发问道。挚并没有自信能在大王御前成功地表演解牛。眼见少年露出不安的神情，帝发心疼了，就说："你大概心想，大人为什么老爱勉强别人呢？我不会勉强你做你不会的事。你就把解牛的事放到一边，先去司膳房，好好当个烰人吧。"帝发用眼神暗示随侍在身旁的御司膳长不要再难为孩子。

帝发委实是位慈祥的大王。

听大王这么说，松了一口气的挚理应说"谢大王洪恩"，然后叩拜而去。但他却脱口说出令人吃惊的话："谢大王洪恩！只是，会做的事被说成不会做，身为有莘的属民无脸见君主，而且父母知道的话也一定会伤心，请大王让小人一试。"挚的口吻完全不像一个少年。彼时，挚手中的刀刃已经进入牛的体内。御司膳长突然"啊"的一声惊呼出来，对于此中高手的他而言，眼前挚的动作几乎叫他无法相信，挚的手在当慢之处则慢，在当快之处则快，动作有条不紊，偶尔牛刀映着阳光，肉割落的声音回声四响。看到此情此景的大王，只感觉一头牛瞬间就被解剖完毕，最后他看到挚利落地收好牛刀。御司膳长要过牛刀，看了看刀刃，高兴地说："大王请看，刀刃完全没有钝，这等功夫也只有神童才能拥有啊！"帝发大喜，直接让御司膳长做了挚的师父，还觉得挚只学割烹的话太可惜了，于是指定了先生教挚典故和天象之类的学问，并赐予了挚特制的宫服。

挚不仅绝顶聪明，也有着十分深厚的教养，这跟养父对他的严加管教和言传身教是分不开的。由于帝发的允诺，每隔十天，挚还会被带到盲眼的史官那边学习典故。史官是典故的传承者，是以"说话"

来谋得朝廷官职的，不喜欢对外面的人谈神话、传说之类的东西。所以对于向这个据传出身充满神话色彩，而且会解牛的烰人之子传授神圣的典故，史官还是满心不愿意的。上课之前他会让挚去"净身"，意思就是让挚去洗干净，免得血肉污秽之气玷污了课堂。但是一心求学的挚却并没有因此而不高兴，还在下一次上课的时候随身带了香草。因为史官是盲人，所以鼻子特别灵验，当他嗅到这股幽香的时候，竟然有些心生感动，觉得这孩子知礼节，也有令人疼爱之处。他做这些也是想测试挚的教养。

在开始授课之前，史官询问挚想学习什么典故。挚脱口而出："洪

烈日

二里头
ERLITOU SITE

遗址博物馆

M OF THE XIA CAPITAL

洪
水

水！"史官的耳朵微微颤动，只听挚的声音十分爽朗，连周围的空气也随之震动。少年似乎是正襟危坐，连稍稍动弹都没有，表现出了良好的教养。这件事也令史官颇生好感。"为什么问洪水的事？""我一直认为，我是因为洪水而失去父母的，因此想知道古人都是如何治理河川的。"史官随即想起，十几年前某个村子似乎整个遭水淹没，于是就让挚叙述了他的身世。听完后，史官觉得胸口像被撞了一下似的，因为他了解，从桑树出生的就是太阳，但所谓会生出太阳的桑树，系指屹立在东海中的神木，并没有生长在有莘或其他邑城，这孩子理应不是太阳转世，史官对自己的推断十分肯定。于是，他们的话题离开了桑树，开始谈到开创夏王朝的禹是如何与洪水奋战的。禹为王之前，花了十三年走遍全国，开山拓路，为减弱河水的流势，开辟了很多河道。大禹治水，三过家门而不入，最后几乎累瘫了。听到这儿，挚感动得哭出声来。他并非被史官的能言善语所感动，而是深为"先世居然由最辛劳的人为王"这件庄严的事实所感动。

　　——王者，必须是能背负人民之苦，却又能挺然而立的人。挚忽然发觉自己找到了王者的理想形象。最令挚感动的是，禹并非王子，只是诸后之一，是因为积德行善而继承了王位。当然，史官未必了解挚为何感动，只是觉得自己说的历史故事能感动少年，是一件十分舒

河水

心的事。他让挚背诵这个历史故事的要义，挚竟然立刻就能有条理地复述出来。就这样，挚受着"尧舜之道"的熏陶，修身养性，勤奋耕读，大有"以天下为己任"的志向。挚在跟史官学习的时候会经常表示，对不符合"尧舜之道"、违背义礼之事，即使把天下的财富作为俸禄都给他，他也不爱；即使把四千匹马领到他面前，他也不会看一眼。违背"尧舜之道"、有失义礼者，他连一根小草也不给这种人，而且不会向这种人索要一根小草之利；但是，只要对国家有利，就是有杀身之祸，他也在所不辞。史官不觉感慨起来：让挚做烰人实在是可惜了。

挚没有因为学习了许多新鲜知识而疏忽了烰人的工作。知道了典故，拓宽了眼界，反而更加有利于他将知识融会贯通。他在烹调食物的过程中发现很多食物竟然与药物密切相关，这就是我们如今所说的"药食同源"。以"阳朴之姜，招摇之桂"为例，姜、肉桂既为常用药物，又是日常的调味品，挚在烹饪时了解到姜、肉桂具有辛温发散的作用，转而用姜、肉桂来治病，也是极其自然的事。这样一来，挚既精进了烹调技艺，又兼通了医学。他将加工食物的经验，施之于加工药物，也就成了顺理成章的事。因为挚经常在田间躬耕，有莘国又

肉
桂

是遍地的细辛，所以他对天然的植物草药也了解颇多。夏朝时的民众生病，都是靠嚼食中草药来疗治的。因为挚擅长烹粥调汤，于是他就将如何正确搭配食物才能发挥最好效果的这种思路运用到药物中，将这些中草药切碎，再用陶器慢火煎煮，教民众服用药液。他惊奇地发现，这既能增强植物草药的疗效，又能减轻其毒性，后世将这种方法称为"汤液疗法"。因此，挚创制汤液的传说确实是有一定历史渊源的。中医历史上认为方剂是由挚创制的，方剂也成了中华民族几千年来中药疗法

从左到右依次为：花椒、金银花、陈皮、辣椒

的主要剂型。方剂还有一个特色，就是"食药同源"。如今我们翻一翻《本草纲目》就会知道，天上地下，只要你说得出名字的东西，几乎就是一味药，从我们吃的米饭、馒头，到调味品和水果，例如胡椒、花椒、葱、姜、大蒜、山楂、荔枝等，再到田里的麦秸，甚至连灶里的灰都是中药。这些食物与药物相结合，是中医方剂学中的一大特色，古人称之为"医食同源"。有很多医食同源的食物都非常适合家庭中常见疾病的预防、治疗和调养。

麦子

夏王曾经允诺要教授给挚的还有天象知识，天象之事是由巫祝所掌管的。所谓天象，即日月星辰在天上有规律运动的现象，与王朝造历息息相关。一旦历乱，夏王朝的存在将会遭到质疑。夏王朝的历，是将现行的公历二月作为正月的太阴历（现在称"旧历"）。没有文字的夏民族是如何造历的，我们不得而知，不过关于它的精巧，孔子曾对弟子颜回说过，治国须行夏时（《论语》），由此可见一斑。"从内心祛除污秽，凡事都以此为准。"史官如此教导挚。挚走出王宫，隐居在看不到人家的地方，致力修养，这个功夫便叫"祛除污秽"。可以说挚是从这个时候开始培养起了作为下一任王朝祭祀最高长官的素养。当时能参与祭祀的人，除大王和君主之外，就仅限于极少数的神官。挚在夏邑就这样学习着天象、典故、庖厨、医药之事。说来也快，转眼间他就学习了六年，已经十九岁了。

知识加油站

帝发——夏朝第十六任君主，史称惠发、夏王发。发的功绩之一是破格提拔当时养马的长者关龙逄也称拳龙（关龙逄的祖先是为夏朝饲养牲畜的牧正）为相，使夏朝国势更加强盛。

红枣、莲子、枸杞

熬
药

第三章

躬耕十载养韬晦 汤战夏显王者风

挚经历了养父病死、莘后离世、夏王帝发驾崩，被发落在有莘的野外躬耕十载。在那里，他精练庖厨和天象之道；经历了汤对夏朝边城的攻打，为百姓和战伤的士兵熬药治病，对能够使自己进步的技能毫不松懈。

挚接到通知，在莘邑的养父病危，于是申请回去探视。虽然帝发曾经说过，无论什么理由，都不准挚再回到有莘国，但挚的这个理由却无法让人拒绝。即使是再小的家庭，父亲也是极为尊贵的，家族血缘的维系甚至优先于国之大法。帝发要挚发誓一定会再回到夏邑，才肯放他走。不知是否是挚离开的缘故，夏王朝居然就此衰运降临，几个月后，帝发卧病在床，时间是帝发在位的第七载。

挚快马加鞭赶回了养父的住所，但令人遗憾的是，养父还是没能看到挚最后一眼，便驾鹤西去了。在殡礼结束之后，挚将养父的遗体运到莘邑城外，亲手予以土

葬。他一边掩土一边想："父亲受君主之命养育别人的孩子十三载，然后那孩子又被带走。就连临终之际，孩子都不能在他身边送终，我何等不孝！"挚非常自责。

就在回家的路上，挚看到南方的天边有道彩虹。在夏王朝，最尊贵的颜色是黑色，当时的人们并没有觉得彩虹是美丽的，反而认为这是一种非正常的现象。例如，后来的商王朝便认为彩虹是"龙来饮水的兆象"。

挚回到莘邑已有数月之久，在此期间，总是有使者前来传达莘后希望他出仕的意思。挚因为对夏王帝发有誓，便以尚在服丧为由予以拒绝，宁愿闷在家中，以解丧父的苦痛。但彩虹的出现使挚决定出仕，

天边的彩虹

因为这预示着南方可能有凶事发生。挚未曾跟任何人提起，只是每天观察南方的天空，如果是不好的征兆，那么天空应当会升起"妖气"。这是"观气识吉凶"之术。

数日后，"妖气"果然升起。"这是旅之气。"挚很快做出了这样的判断。所谓"旅"，就是军队，他所看到的正是战云。后来又升起白色的气，映出了五彩的颜色，方向是南方。这难道意味着南方会出现帝王？

知道挚出仕，莘后非常高兴，特意召见。莘后的旁边，坐着有莘氏的长子，也就是嗣君。他眼神冷漠，从表情就能明显地看出他想说的话：为什么要召见这个卑贱的小人物呢？挚看出这名后继者器量狭小，根本无法与他的父君相比。

云

　　莘后问道:"挚,你在夏王宫除了庖厨之术外,是不是还学了别的?""是的,承蒙大王厚爱,大王还让属下学习了天象。我观测到南方天空出现了战云,战火恐怕会由南方延及吾邑。"莘后并非不相信挚的话,只是天象之术唯有贵族才能学,怎么会轮到一个烰人去学习呢?可是好奇心又驱使莘后继续发问:"那你说的南方战事到底是在哪一带呢?"挚说:"现在还不能确定,不过,妖气显而易见,离得不远,应该在商或葛一带。"莘国南方,有名叫"商"的小国,商的南方则是有伯之国"葛"。挚继续说:"更奇怪的是,南方居然有出现新王的征兆。"莘后听到这里,心中已经确信挚是在胡说。他认为唯有承继夏王室血统者才能为王,于是敷衍地说:"你的话我会记住的。"

　　第二天清晨,有一名自称葛伯臣子的男子,身穿盔甲,像疾风一般闯入莘邑大门,禀报莘后:商后叛变了!葛伯遇袭,已经遭到商后

杀害，葛邑也被摧毁了。

莘后听了跃然而起，突然觉得脑中一阵翻腾，天旋地转，眼睛里有东西不停地滚动。"赶快宣告举兵伐商！"但此话还尚未出口，莘后便轰然倒地，再也没能起来，似乎是脑血管破裂，也就是今天所说的脑溢血。

巧的是，这时候帝发也得了病，在未知南方动乱的情况下已经驾崩。

商位于距离莘国三十公里处，根据《孟子》记载，商"方七十里"，面积极为狭小。商的首邑被称为"亳"。这个民族的特点就是脑筋出奇的好，这从他们擅长御马就可以表现出来。传说他们不断改良祖先流传下来的御马技术，暗中完成一大发明：以两匹马拉一辆车，亦即"兵车（战车）"。在这个时期，其他地区都造不出商所制的兵车，他们的技术甚至还停留在研究如何消除车轴所发出的摩擦热的阶段。商人在莘国与葛国之间形成聚落，定居下来，建立了一个不起眼的小国。这个小国或许是通过拥有高位的邻国葛伯向夏王朝入贡的，所以在葛伯心里，他一直认为"商是我的属国"，且对其心存鄙视。

商伐葛表面上是"犯逆"，但其实是有正当理由的。葛伯忽略了祭祀，停止了对神的供奉。没有葛伯的祈求，地方也许会有天灾地变。

风云变幻

有人说应该向夏王禀奏葛伯不仁道的行径,请夏王裁夺,处分葛伯。但新继位的夏王桀暴虐成性,不得人心,威权不足,恐怕无法期望他按照商民的意思处分葛伯,于是商后便讨伐了葛伯,以寡敌众,取了葛伯的首级。

南方果然发生了战争。挚的预测没错,但大国葛被小国商所败,却是在他料想之外的,对天下的诸后来说也是意外的。商人给天下以勇猛的印象便从此时开始。攘外必先安内,首先得让自己的部族足够强大,而且民众并没有打仗的意愿,只是想安稳地过日子,战葛也是迫不得已而为的,所以商便在战后迁往了东方。

莘后忽然离世,这让他的即位者嗣君乱了心智。这位新的君主本是个胆小怕事、无德无能之辈,有莘氏又不得桀的喜欢,准确地说是桀因

花

为他的僚族昆吾氏而非常讨厌有莘氏。此番有莘氏求夏桀救葛，也因昆吾氏的挑唆而被说成是葛国与有莘氏有意联合。挚只能力所能及地救治逃难而来的葛国伤兵和被充当战争沙包的葛国百姓。挚在一间茅草屋里为他们熬制汤药，将野生的药草捣碎以后外敷患处。看到葛国的百姓，挚为有莘的百姓担忧，他非常清楚亡国是何等悲哀。为了澄清有莘氏并未参与叛乱，嗣君向夏帝桀进贡了大量的珍宝和美女，并向桀表达了忠心，加入了伐商的战队。桀大抵是看出这个新的莘后并无智谋和叛乱的勇气，也未扩充军队，因此对这件本来就是传闻的事情没再追究了。

由于商的叛乱，还未正式登基的桀为了稳定朝局，也为一探商之究竟，于是决定出兵伐商。有莘氏的兵力加入桀所率领的讨伐军，前往东方。他们追赶至有娀时，有娀已经舍弃了邑城，与商共同逃往了东方。性情刚烈的桀没有机会挥动刀斧，不肯罢休，便一路猛追，越过当今山东省曲阜。在进入平邑北方时，桀遇到了意想不到的敌人。此地前方有一座山，名"蒙山"，那里生活着一个民族，他们以草木为屏障，来去无踪，给予了王师一击。王师如同逐鹿的猎人遭到蛇咬，陷入苦战，讨伐军因为这种战法吃足苦头，进攻明显受阻，最后停

◆ 商代玺印

商代玺印

滞不前，将士开始显露倦怠之色。领兵的大臣分析道：即使穿过蒙山，前方还有九夷。九夷不顺服王朝已经很久了，最近甚至都没来入贡。在这些夷族意向不明的情况下，王师深入是极危险的。这个意见很中肯，九夷是半农半渔的大族，民风彪悍，如果与其为敌，那恐怕一两年都打不出结果。其实由蒙山民众的举动就能清楚地看出，夏王的威权还未及此地。

对于逆贼的首魁，古来只要放逐到中华之外，就算是极刑了，无须杀戮。东方在当时已经是中华之外，既然将商后驱逐到该地，夏王也算是完成了应该做的事。此次讨伐，班师时已是踏着霜花的岁末，而且几乎没有任何战果。

时值正月，终于进入桀的时代。赏识挚的两位君主——有莘氏的莘后和帝发相继离世，现在的莘后并没看得起挚，夏桀也并无任用他

冬景

春
天

的意思。所以在新莘后归国后，挚便请求辞官，打算远离是非，安稳度日。莘后冷漠地应允了。春风开始吹的时候，上面下达命令，要挚搬出原来居住的处所，将处所让给别的烰人住，并不容他分辩。于是，挚离开了莘邑，在郊外搭盖草庐，并移居到此处，只带了一些他晾晒的干燥药草和养父最喜爱的三脚煮器"鼎"。他用绳子把鼎捆绑结实，扛在背上，离开了和他有着二十几年缘分的"家"。

出了邑城之后，挚来到了有桑林的山丘，想起在已故莘后的时期，这桑木前总是挤满参拜者，现在则凄惨地沦为阻塞桑林入口的障碍物。挚在有莘的郊外翻土耕种，静修庖厨和天象之道。原本他打算为养父服丧结束后就回到伊水河畔去，但是后来听闻夏王似乎将宫室迁到了斟鄩，斟鄩就在伊水流域。为了避免与夏王再产生什么瓜葛，他打消了

药材

移居的念头。挚爱好广泛，在野外独居，平素就研究工具。不仅是农具，他还利用网辅助渔猎，在山坡上挖洞，造窑烧陶器。就这样过了十年，挚已经三十岁了。

翌年，是夏帝桀登基的第十一载。挚在集市听到百姓们的传闻，桀沉迷玩乐，特意修了一座倾斜的宫殿，叫"倾宫"；修了几丈高的"瑶台"；用红色的玉石装饰寝宫，用白色的玉石修建宫门；喝的酒可以装满巨大的池子。在救治葛国伤兵时，挚结交的朋友鄂叙述的也几乎是这样一个贪恋酒色的桀。在这些年中，莘后的妹妹是个绝色美人，嫁给桀做了王后，赐名妹喜。妹喜爱穿男装，喜好佩刀戴冠，这使宫室的礼仪为之混乱，夏王也变得更加放荡。夏王不仅开始疏于听政，也放任妹喜干政，天下大道因之紊乱。夏王日渐昏聩，妹喜喜欢奢靡，王宫的衣食住等都过度浪费，各国的贡赋大为加重，已种下万民怨嗟之因。

挚观测到拖着光芒的星群往西方坠落，接着发生了地震，震源位于王宫所在的伊水和洛水一带。建造在山涧的王室新宫殿，因这次强震而倒塌，埋入土沙中。夏与商的第一次交战就这样开始了。

商人联合有娀氏，一路征战，并积极拉拢各种势力。如此经过十年，商形成一大势力，凭借勇猛与优越的武器，征服了东南方的小国。此外，对商后还有一个有利的地方就是，东南方小国不喜欢西方小国那种共同体式的生活形态，他们将人的身份明确区分成上下等级，不知失败为何物的商民族正好符合这种要求，所以日益壮大。商还有一样令东南方诸族害怕的东西，即祭祀的力量，也就是预言的能力。让商后成为奇迹般的英主，最功不可没的是有娀氏君主的弟弟仲虺。他作为商后的谋士，以明晰的头脑和非凡的胆识，为商后铺设权力之路，不仅帮商后排除了危难，还将商后塑造成足以与夏王抗衡的杰出英主。商后并不甘于现状，在无法与夏的兵力保持势均力敌的情况下，商后打算像割草一样，陆续将东方和南方诸国纳入商的版图，势力终于触及夏朝的核心范围。那里的彭邑（今江苏省徐州市），是夏王朝开国即被赐为"伯"的名门，

星群

伊尹钟

现在已经一蹶不振，商后趁机拉拢，使得商人能进出彭邑。有缗在是否归商的问题上摇摆不定，被夏桀所知，于是善战却心胸狭隘的桀大怒，决定杀一儆百，给其他诸国以警示，于是决定攻打有缗。可是由于调动了过多的兵力，身在娥邑的夏桀的军队遭到事先埋伏于此的商军的猛烈袭击。双方在三朡进行了激战，但最终夏桀的军队还是因为武器上的劣势落荒而逃，回了夏邑。

商后汤攻取三朡之后，让军队稍事休息，便挥师缓缓指向有莘。他的目的是劝降有莘氏，使自己快速夺得邑城，待回到亳之后，就可以建立朝廷，一方面命令东南诸侯前来朝贡，一方面威慑西南诸侯，因此商汤必须拉拢有莘氏，以防备北方。此事如果能顺利达成，那么济水以南几乎尽入商的势力范围；济水以北，目前为韦、顾两个豪族统治，这次战役之后，他们就立即脱离了夏王朝；至于南方的颍水上游，则为昆吾氏所掌握。天下将暂时四分，维持某种平衡。

商汤的到来令莘后感受到了灭顶的压力。但是汤却表示，先前违抗王师，是因为他一心想返回亳邑，丝毫无意对夏王室大动干戈，今后的商还需要有莘的鼎力相助，希望有莘向夏王转奏他的一片忠心。莘后听完这才缓和了紧张的心情，盘算着如果能周旋于夏与商之间，可以卖人情。可是汤又提出要与莘后联姻的诉求，为的是避免有莘氏有朝一日对商反戈一击，所以也算是强行定下来这门婚事。汤对莘后女儿的人品和长相没抱多大的期望，一切都是为了政权而已。但后来事实证明，他娶到的妻子其实相当聪慧。没多久，这个女子即成为汤的正妻，还把商汤的后宫料理得非常妥当，极尽贤内助之责，在《列女传》中被誉为"贤女"。

知识加油站

商汤——原是夏朝方国商国的君主，名天乙，在挚、仲虺等人的辅助下陆续灭掉邻近的韦国、顾国、昆吾等，与桀大战于鸣条，最终灭夏。经过三千诸侯大会，商汤被推举为天子，定都亳，国号为"商"。商汤成为商朝的开国君主。

鸳鸯

鸳鸯嬉戏

第四章

联姻发配多波折 夏商暗自各重振

挚的才能被汤身边的重臣所听闻。于是借着与有莘联姻的机会，汤便让挚作为照顾主人的随身奴仆跟随一起去商，名为侍候后女的饮食，实则想要利用挚的潜能来为商的发展贡献力量。但是挚的入商之路并不顺利，经历了从商出逃、被夏发配，他还目睹了商和夏的浮沉变化。

挚在荒郊野外的生活怡然自得，有一天他忽然就被几个捕吏抓了去。他不明白是因为什么，只是感觉走了好长的一段路，然后开始听到鼎沸的人声。捕吏这才告诉他，今天是莘后的女儿与商后联姻的日子，而他被指定为媵臣去服侍后女。所谓媵，一般是指跟随名媛闺秀陪嫁过去的侍女，媵臣则指男家奴。原来汤也曾听说过三十年前有莘氏得到"桑之子"的事情，他对这种事素来很感兴趣，而且桑被誉为神木，商族流落到这有莘之地，岂不也如这神奇的桑木一般。他觉得与挚很有缘分，便向莘后要了挚。挚非常愤怒，虽然与汤素未谋面，但是对于汤反叛之事以及凭借武力和杀戮压服各族之事却有着极度的反感。如今汤又把他当作最底层的奴隶一样，随便地绑来绑去，这让挚觉得汤实在是太卑劣了。挚认为，单靠武力压制万民的政权迟早会被万民推翻，商愈壮大，不自由的奴隶便愈多，根本无法获得万民的承认，成不了王朝。

队伍刚进入亳，挚便有了逃跑的想法。于是他暗中观察，发现这座邑城不会有发展，因为它实在太狭小了，并且亳的土质不佳，水利也差，今后可是农业的时代，京都应该建设在大河附近，汤很可能会往北朝黄河的方向继续征伐。但是汤是否有治水的能力，却颇令人怀疑。

待事情都安定下来以后，汤迫不及待地召见了挚。他想着，太阳之树桑所生出来的小孩长大之后会是何等文秀的男子呢？可是挚身材矮小，其貌不扬，因为多年在野外生活，条件简陋，皮肤也晒得黝黑，路途劳顿又使得他两眼毫无神采，身姿也不挺拔。汤觉得眼前这个人和他所期待的样子相距甚远，于是立刻没了兴致，眼睛竟然看着别处说道："你可以退下了。"像是要急着清理掉眼睛里的脏东西似的。挚的心就如同被强灌了泥水一般，眼前分明就是一个无情傲慢的君主，这个人流着贵人们惯有的冷血。汤的召见一结束，之前旁观、审视挚的眼光突然一下子全部消散。这之后，挚的存在完全不受注意，而后女则根本不知道挚跟着她来做了媵臣。

在亳邑的这些时日，挚每当夜晚就会到城邑的周围观察有没有可以逃走的方法。终于，他发现城壁的一处隐蔽地方是木方填充的，抽出木方就露出了一个不算太大的洞穴。挚身材矮小，正好可以从此处钻出去。于是在一个漆黑的夜晚，挚溜出了宫室。这应该是以前有人逃走时留下的洞穴，在这么厚的城壁上挖洞，也是花了一番工夫的。挚选择了迂回北上，奔向济水浅滩，比起贸然往西渡过济水较为安全，因为济水北岸不属于商的势力范围，只要能抵达那儿就可以安心了。

小麦

挚十分感谢上天的眷顾，还肯定他存在的意义。

　　汤始终认为，国家想要有稳定的根基，农业就要能够安定地生产。然而，要让商成为真正的农业国，就务必要治水。所谓治天下，便是治水。夏王朝的开国始祖禹，一生致力于治水，可以说是因成功治水而掌握了天下民心。于是汤感慨道："真希望有人能替我掌管农政啊。"仲虺听闻挚已经作为后女的媵臣来到了商，于是向汤推荐了他，并说明挚本是个烊人，后来在有莘的郊外独力拓荒，且医术高明，擅长熬煮汤药，曾治愈过非常多的病人和伤兵，在有莘颇有名望。但是汤对挚的印象并不好，所以并没有让仲虺再过多介绍。晚上到了后女的宫室，汤想起后女应该更了解真实的挚，所以就询问了起来。后女本不知道挚随她做了媵臣的事情，当听到汤这样说时，她又惊又喜，睁大眼睛说："挚可是个名厨，据说以前夏王和昆吾伯都对他极为赏识。如果能让他到司膳房去，必定会使膳食增色不少。"说到这里，汤有点儿后悔之前以貌取人的行为，所以他想把挚作为烰人招进司膳房，也可以借此机会再次和挚有深入的交流，这样两人都有个台阶下，事情也比较好收场。

"那你还知道其他关于挚的事吗？"汤想了解除了庖厨外，挚还有没有别的本事。后女闭上眼努力回想，似乎想起了什么，突然睁开眼睛："对了，记得小时候听说他拯救了有莘。"这正和仲虺说的一样，所以汤内心开始暗喜，对挚也越来越感兴趣了，他想："果真如此，那他真是个深不可测的人啊！"接下来的事情就不难想象了，汤必然是要召唤挚的。

此时已经是子夜时分，汤听闻挚不在邑城，便命人立即在城内搜寻，并一路沿着回有莘的方向。汤乐观地认为，挚会回到有莘郊外的草庐去。

可是几天过去了，追寻的人连挚的踪迹都没有查到。事实上，此时的挚正在迂回北上。汤并没有责备下属，而是暗自反省，是他自己不尊重人的行为迫使挚逃亡的。媵臣之所以会逃跑，代表商君的威望不足。

对挚的搜寻工作一直都没有停止，但繁重的国事让汤无法为了一个还没有给他建功立业的臣民花费太多心思。汤针对南方，尤其是自淮水上游至汉水一带的长久经营之计，征询仲虺的意见。商的势力如果继续向西拓展，势必会与以许（今许昌之东）为根据地的昆吾伯发生冲突。仲虺的意见是，在这之前，应该兼并许以南的颍水，以及东南汝水一带的氏族，从东方和南方压迫昆吾伯，让他动弹不得，这才是上策。汤对仲虺的建议非常赞同，而且他也发现，南方是希望无限的。他知道淮水的南方有一条不逊于黄河的大河（即长江）。商的势力如果能扩展到那里，就没有必要和昆吾氏或夏王室交战。也就是说，

江水支流

他大可不必局限于黄河流域，而是当个"东南方之王"。汤自我告诫，人的欲望必须有所节制。

被商打败而逃回斟鄩的桀，变得无比消沉。返回夏邑以来，他几乎有百来天都未曾上朝，也不听政，只是和他网罗来的美女和优人窝在深宫中大摆酒宴。桀决定迁都，舍弃年前因地震倒塌的王宫，将新首邑定在今河南洛阳附近。南方此地有洛水流过，而且属于盆地，很适合防卫。

到达斟鄩的挚四处打听三十年前那场大洪水的事情，他对自己的身世一直充满了好奇，想找到关于自己出生地的蛛丝马迹。受访者大多数只知道那场大水几乎淹没了村落，但是没人听说桑木内藏婴儿的事情。挚也问不出曾经淹没的村落究竟在何处。他决定回到夏邑，可是河南新建的首邑却令挚大失所望，因为呈现在他眼前的都是被迫到来而痛苦不堪的百姓。虽然桀建造了华丽无比的高殿，但没有施行令人信服的善政，百姓并不乐于服役。不管是亳还是河南新邑，建造新邑的嘈杂声，都令挚觉得有一种厌烦的空虚感。果然，夏邑落成的庆典无比惨淡，诸后出席的状况很糟糕，就连原本与王室关系密切的昆吾伯都没露面，只派遣了几位臣子前

河
水

商父乙觥

来祝贺，没想到夏王的威望已经衰落到如此地步。挚也不由得神色黯然，夏王桀只能在一些前来祝贺的小国诸后面前宣布定都。

看来群雄割据的时代就要来临了。

这里有一个细节，那就是莘后也未在定都庆典上露面。莘后将女儿嫁给了汤，虽然现在莘后的妹妹是夏王最为宠爱的妃子，但是为了避免夏王责怪，也避免诸后拿此事来做文章，所以莘后采取了回避的方式。好在缺席的人比较多，所到之人也都是人心惶惶，只是想着自保，所以莘后的缺席也就没那么明显。

定都后的夏王开始琢磨着造车，他始终对被商战败一事不能释怀，

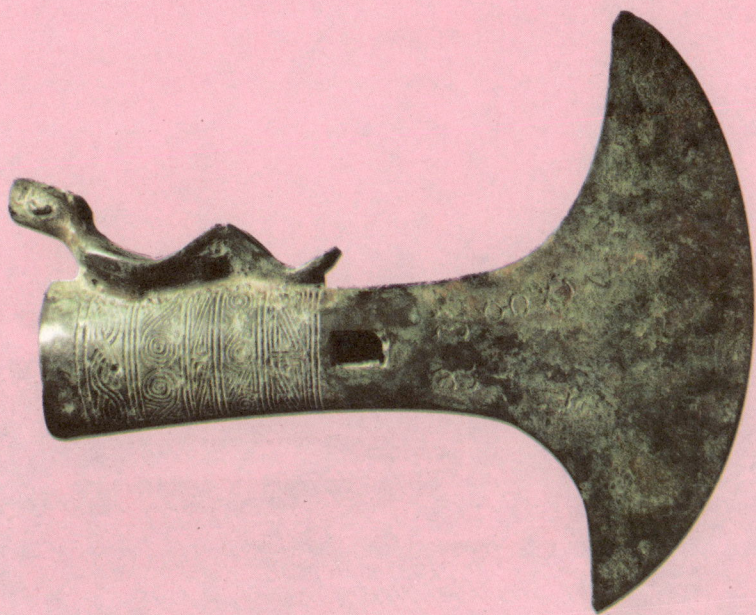

商代青铜铖

更是对一个小国竟然战胜了夏百思不得其解，最终他只能归因于兵器的落后。他意识到商的战车的优势，他命人寻找能够造车的人才，更是逼着身边的大臣在短时间内必须造出可以出战的马车。几经周折，工匠总算是造出了车，实际上只能称之为"辇"，因为这只是一辆为夏王而造的人力车，而非能够出征的马车。以夏的造车技术来说，这也算是呕心沥血之作了。桀兴奋无比，立即乘上车，很难得地从宫廷出来，尽情地享受着朝野上下的恭贺之声。

桀正在想有了战车可否再与商一战的时候，一则消息让他勃然大怒。汤已经返回了亳邑，竟然还建立了王朝。这一年也就是后世所称

的成汤元年。汤当初毅然远征，陆续攻克了不顺服的氏族，大抵平定了南方和东方之后，拥有了半个天下，正因如此，商的军事力量在当时已经被传为天下第一了。

桀推倒了面前的桌案，嘴唇颤抖。他意识到，汤想成为王只有两种可能，不是自己让出王位，就是要承天、地和水之神的命令，并受其赐福。让自己让出王位，这怎么可能？而水神又是夏王室的守护神，怎么会去庇护商呢？他知道，必须尽早击溃商，如果继续坐视不理，只会助长汤的嚣张气焰，让汤更加放肆。桀性格偏执，但也绝非平庸之辈，他头脑灵活，善于观察时势，领兵能力也不差。要说他的缺点，大概就是面对不合时宜的诸多政策缺乏毅然改革的勇气。他十分自负，遭遇失败却不愿面对挫折。对于内政，他不能知人善任，也不能招揽人才，还不能团结相邻的户邑。最显著的就是昆吾一族的疏离，这让桀少了制胜的队伍，再加上各方邑族都有向商靠拢的意向，夏王想要单凭自己的军队剿灭商，就更加困难了。商就如同在夏王王威不及之处偷偷滋长的怪木，曾几何时，已化成枝叶蔽天的大树了。一旦王师败于商军，诸后恐怕连对夏仅存的一线敬畏也会消失殆尽。

夏王室的内部充满了各种声音，朝廷上下

人心惶惶，更有人将这次夏王室的颓败归咎于妹喜。他们认为有莘氏与商通婚，是为了与妹喜里应外合来瓦解夏王室；妹喜故意蛊惑桀大肆挥霍，夜夜笙歌，让桀无心治理朝政。虽然桀对妹喜百般宠爱，但他也深知妹喜并非如传言一般，可是为了稳定朝政，他只能将妹喜放逐到有莘郊外的离宫，而且还下旨将挚也一同发配，让挚照顾妹喜的饮食起居。挚感觉自己就像飘进颓朽宫室中的一片树叶，或被扫出，或被丢入炉灶中燃烧，都不足为奇，因为他的存在是那么渺小。夏王朝老而腐朽，地基正在下沉中；而商则不够成熟，基础容易松动。这是挚对目前夏与商形势的思考，但是却没有人理会挚治理国家的才干。望着洛水，一股空虚之感涌上了挚的心头。离开了王宫，妹喜并没有安于过平常的日子，她知道汤赏识挚，并且在挚出逃后并未加以怪罪，

还在一直找寻挚。于是妹喜找来了挚，试图让他回到郊野去，以便让汤带他回到商。妹喜有了让挚伺机刺杀汤的想法。挚吃惊地睁大双眼，直言不讳地告诉妹喜，夏王朝是否存续，并非诛灭一个汤所能决定。如果夏王室的威权衰颓，还会出现第二个和第三个汤。夏王朝的崩溃，并不是因为他人，而是因为其内部的腐败。但是妹喜执意让挚再回到有莘的野外，哪怕是做她的内应，也不枉挚为有莘的子民了。就这样，在短暂侍奉妹喜后，挚便被放逐到了郊野。

这是桑林开始长新叶的季节，风吹拂过叶间，一片浅绿摇摆，像是"母亲"在欢迎挚的归来。挚只是远远地望着，在心里和"母亲"诉说着心事，内心不免感慨：以后就要在这荒郊僻野过活了。尽管眼前的情况是凄惨的，但正可凭借忍受长期的坎坷不遇来锻炼自己的心

桑树林

志。如果不能人和，就与天、地共存，开拓属于自己的僻野。汤和妹喜都被挚抛到了脑后，所谓断绝汤的命运，那不过是妹喜狂女的梦呓罢了。当他看到连绵无际的有莘旷野时，胸中顿时感到豁然开朗：独立在青天白日之下，自己是何等渺小，所以也没有什么可怅然若失的。这样想着，他的内心也不再像原来那般颓废了。他找到了之前居住的草庐，草庐已经快要被杂草淹没了。但令他吃惊的是，他带去莘邑就一直没带回来的陶鼎，居然摆放在被杂草蔓爬的炉灶旁边，而且其他陶器内还盛满了谷物的种子。挚俯身拾起种子，闻了一下，发觉并没有腐臭的味道，于是暗自感谢上天这份悄悄的善意，尽管自己如同种子般渺小。

知识加油站

传说挚在辅佐商历代君王的过程中被奉为"国老"，又因他有治疗君王心病的能力，恰巧甘草别名也为"国老"，因此民间将医圣张仲景同样是治疗"痞病"的"甘草泻心汤"取名为"挚甘草泻心汤"。

夏商暗自各重振

商代陶器

第五章

三顾草屋汤获挚 药肴为喻话治世

挚成了精通烹饪的大师，古书中关于"挚煎熬""伊公调和""挚负鼎""挚善割烹"等表述，都说明了挚对烹饪理论的研究和烹饪实践的体会十分透彻。他还借烹饪之事而言治国之道，说汤以至味，成为商汤心目中的智者、贤者。

在更换单薄衣裳的时节，挚回到有莘野外的消息传到了汤的耳朵里。汤大喜，决定继续延聘挚，但汤身边的臣子却个个都蹙紧眉头。延聘这种小人物，而且还是个罪人，有的人内心对此不以为然，有一些人则互问挚是何等人物。仲虺也以田间的野果作为比喻，说明挚的到来很有可能是由于夏王桀的旨意——是叫他来当奸细的，毕竟之前只有极少数的臣子知道汤有意起用挚，其中就包括莘后，而莘室似乎暗中与夏王妃有所往来，挚先前逃亡的目的地，最为可能的就是夏邑。听了仲虺的分析，汤顿时兴致全无。然而有趣的是，接下来仲虺的态度却发生了三百六十度的转变，开始赞美起挚来。仲虺本来就很注意挚，早就查明挚在莘邑那段时间的言行。其中最奇妙的是，十五年之前，汤举兵伐葛的时候，挚从莘邑向南望，告诉上一代莘后，说他看到了王兴之兆。这件事情可是让汤十分欢喜，他迅速地转正了脸，眼里充满了兴趣，虽然他在自己的这一方土地被称为"王"，但挚当时所指的那可是天下万民所奉称的"王"啊！汤哪有不欣喜的道理。仲虺又列举了挚懂得天象、医术方面的知识，说挚也做了不少善行。最后，仲虺还告诉汤，挚也许还是个能处理歉岁（歉收之年）的人才，在百姓疲敝的时候，挚可以发挥他最大的能力去救助他们。汤心想，既然有预言说自己要成为王，就算预言者与商敌对，自己也必定可以成王。这么听来，挚肯定是个贤人。之所以仲虺有如此大的态度反差，是因为他行事严谨，他既要帮助汤分析挚可能带给商的危机，又不想埋没了这个人才，特别是在商的势力急速扩大之时，汤是急需人才的，为了巩固基础，已经到了四野不得有遗贤的程度了。所以仲虺感觉可以通过这件事情考查一下挚，待他来到商以后也好对他加以约束。

隔天，汤派遣了一位机灵的使者带着钱财和绫罗绸缎去有莘的野外，邀请挚来到商都。不过，这名使者很快就碰了一鼻子灰回来，向

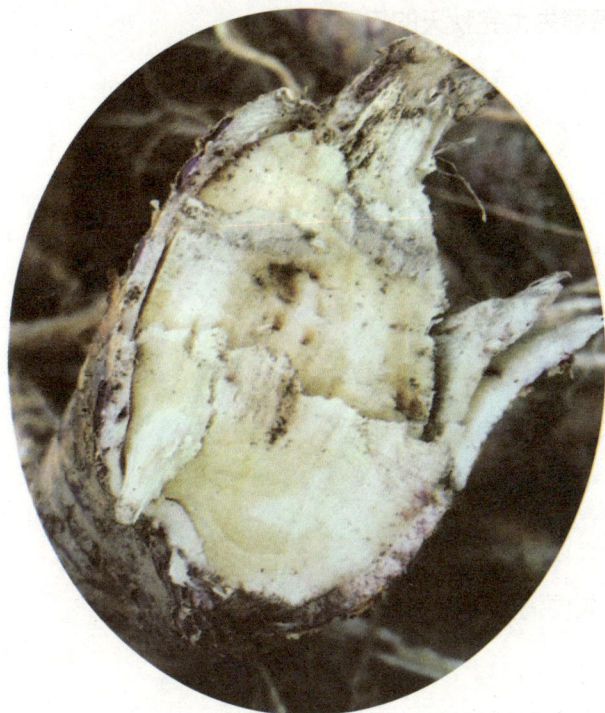

桑树根

汤复命道："挚大言不惭地说，他住在旷野之中，陶醉于古代帝王之道，为何要到商去伺候大王？"明明是蔓生于田边的杂草，还独醉于古代帝王之道，真是个高傲的家伙！汤一肚子的火。仲虺恰好在此时觐见汤，听后微笑着说道："桑树根又岂是一次就能拔得起来的？"汤会意之后，又选了一个吉日，派使者去拜访挚，然而这一次使者还是没能带挚回来。汤也固执起来，第三次指派使者，而且严命使者要尽其所能把挚带回来。但是，数天后，那名使者带着疲惫的神情回来复命，说前两次本来还和挚见过面，但现在他却杳无踪影了。这就令汤很费解了，但是仲虺却欣慰地说："现在可以确定，他不是夏的奸细。"汤如梦初醒，总算明白为何之前仲虺对自己延聘挚的事总是表示怀疑和犹豫。现在回想起来，如果挚是夏派来的奸细，那么应该不会三度拒绝自己的邀请。于是汤突发奇想，想要亲眼去看看挚到底是哪一种人，想亲自去邀请他。

但是眼下即将入秋，汤需要先忙完秋天的农事，所以他只能收敛一下好奇心，待到安排完公务再去。

时间转眼已到初冬，阳光没有了夏秋时的炽烈，让人觉得清爽无比。有一天，汤换上便服，只带了一名使者，非常低调地出了宫。此时的野外已经逐渐被染上枯黄色，微风拂过，草叶飘摇着，沙沙地响着。到达挚的住所附近，马车已经无法继续前行，汤便让使者在车上等候，自己轻快地下车，一边用手拂开草叶，一边独自往前行走，没多久便消失于使者的视野之中。

汤在草庐门前驻足，发现竟然还有一道衡门挡着房子。汤眯着眼睛细想，以往来过的使者没有一个人提到过还有这样一扇门，难道是挚后来才造的？这衡门的搭造方式是将两根木头适度隔开，分别打进地下，上头再以藤蔓缠绑横木。这种形状的门容易让鸟飞降，寓意吉祥，正是商室所尊崇的。汤暗自窃喜，对于说服挚随他出仕有了信心。走进门，凿土而成的阶梯出现在汤的面前，草庐在阶梯上面，入口处站了一名男子，正对着汤作揖。

——果然知道我要来啊！

汤也以对等的态度作揖，借此表达自己的谦逊。进屋之后，两人隔着炉子分坐东西。汤

初冬

先开口说:"我要为我以前对你不公的态度,以及致使你出逃而过着不安的生活这件事,向你道歉。"

挚听了以后眉毛轻轻一抖,虽然他已经习惯了隐藏自己的各种情绪,但这一次还是被汤察觉到了挚的情绪变化。挚的确因为汤的突然出现而感到热血沸腾,再加上汤打破了一直以来对身份贵贱严格区分的传统,委身到茅草屋见自己,更是令挚思绪乱飞,看来商真的是很缺乏人才。

挚看出汤是来求贤的,于是决定把心中早已形成的想法悉数说给汤,也想试探汤是不是一位贤君。

挚起身向汤行了大礼,然后躬身说道:"草民有话就直说了,您应该意识到商隐存的危机了,您得保证自己一直身体健康,否则一直亡走于东、南的葛邑遗民势必高举复国之旗,而西方有王师,西南方有

昆吾氏，北方则有夏的诸后，必将大伐商之罪。届时恐怕连阁下的姻亲有莘氏，都会举旗来犯。"

这番话犹如一根鱼刺扎进汤的喉咙，但汤仍保持着从容的态度，用手轻轻扶起挚，并示意他坐下，故意放慢语速说道："你大概不知道，商所治理之地，将远达南方那条宽幅不逊于河（黄河）的长水一带。即使在中华败退，也大可将首邑迁出亳，重建朝廷。"

挚一听便立刻起身，愤然说道："阁下如果真的这么认为，那就请回吧！虽然中华在上古时候，王位一直是传给臣子的，但自从伯益继承夏王禹的王位后，发生了'龙乘黑云离去'的事件，禹的子嗣启便趁机篡夺了王位。在当时，这种行为是违反常道的，他便使用武力想要征服诸后，但未能如愿，于是启杜绝一切奢华的生活，甚至连饮食也不加佐味，政事上尊重贤人，让有能力的人可以适得其所。结果，

一载之后，诸后便归顺于他了。从此子嗣继承王位反而成为常道，如果是王臣为王，就会受到万民谴责。阁下是想做这样的人吗！"

汤明白挚的言下之意，光靠武力是无法使天下万民真心归顺的。但商如果现在放弃武力，恐怕马上就要瓦解了，这又该怎么办呢？接着，挚还谈了许多古代帝王治国理政的故事。

听了挚的故事，汤受到了很多启发。虽然挚说话辛辣无比，但却让人无法不信服，而且他是发自内心为商着想的，这让汤的内心异常感动。

挚的话对汤的确很有触动，汤还意外地学习到了"帝王学"。就算不能将他纳入麾下，也但求能继续听他的帝王学，汤现在就像求知若渴的学生一般。

乘坐在驰走于凉风中的马车上，汤的心情颇为愉快。回到亳之后不久，汤再次抽出时间来到有莘野外。

这一次，挚来到衡门外迎接了汤。

"看来今天有希望了。"汤心里雀跃不已。挚的确开始犹豫了。对商的反感，原本在挚的心里已根深蒂固，但汤作为人主的器量远远超过桀，于是挚不由得动摇起来。也许汤在有生之年就能灭掉夏，但倘若自己成为其中被利用的道具，这是挚无法忍受的。因此，挚以试探的口吻说道："阁下也许无法成为真正的王。王必须有天神的祝福，如果阁下灭了夏，河神恐怕不会祝福商，而且会惩罚商。"汤并没有露出惊色，而是平静又毅然地说："我……无意灭掉夏。"看着汤真诚的眼睛，挚难得地展露了微笑。于是挚又继续对汤介绍了百姓的情况，本来都是拿锄头进行农耕的手，让他们拿起长矛是他们非常惧怕的事情，而且因为战事导致田圃荒废，缺乏粮食，哪里来的战斗力呢？挚建议，不擅长农事的商民应该种植水稻，以便治水用水；改良农具，以便节

农耕时期

约人力；尽快修正时历，以便抓住最佳的农耕时期，让百姓生活安定。

汤总算是放心了，眼前的这个人非但不是大恶人，而且他怜悯百姓的心恐怕比自己更深。挚行事的依据完全出于忧世忧民。汤对于眼前这个坐如泥偶的男人，越发觉得亲切，恨不得马上予以重用。

"可愿移驾至商？"汤说出憋于胸中已久的这句话。

"在下曾蒙受先王御宠，夏对在下有恩。"挚的拒绝让汤觉得很失落。

挚继续说："但是，由于桀的暴虐和古板，如今的夏已面目全非。也许造成这个局面的正是您，因此在下对任何一方都觉得厌恶，才会隐居荒郊僻野。然而，现在我了解了您的心思，又承蒙您如此诚挚邀聘……看来我不能不走出草庐了。"

野地

汤一听，高兴得用双手猛拍膝盖。

"但在这之前我有一事相求，那就是请您与夏王和亲。阁下可以不用亲自去夏邑，虽然只是形式上对夏朝贡，但也可以缓和夏王的震怒，转移夏王室对商的注意。"

"我懂了。在此期间，我会彻底改革，努力兴商。你可否愿意做我的朝贡使者，去夏邑一趟？"

"乐于效命。"

回到商后，汤找机会在臣民们面前重述自己无意再与夏对立，并宣布为了内政稳定，将与夏王室和亲。

这一切都办妥以后，汤第三次来到了有莘的僻野。见到挚后，汤欣喜地抓住了他的手，喘着气说道："你答应愿为我出使夏邑的。"挚只觉头皮一阵酥麻，好一位忠厚的君主，不但言出必行，还亲自带来了这个消息。挚立即跪拜，就在这一瞬间，绝妙的君臣关系诞生了。挚再度走出草庐，从此再不曾返回这里。

挚带着随从，驾着马车，驮着方物（土特产）和稀有贡品来到了夏邑。从此，有三年的时间，挚以类似人质的身份，随侍于夏王身边。在这期间，挚极力修复夏与商的关系，反复表明商并不想与夏交战，并不断用珍贵的马车和大量的贡品取得夏朝大臣的信任。在商的汤也一心进行着富国的改革，始终没有让夏朝抓到商的一丝错处。挚闲暇之时常侍弄土地，种植、培育花椒、葱、韭菜以及商送来的生姜和肉桂等，这些都是烹调不可或缺的东西。挚心想，这块土地一直连绵到亳邑，但愿这些植物都能培植成功。

夏的衰退和瓦解已经无法避免了，挚一次又一次地目睹了夏朝各属国的疏远，以及他们向商亲近的举动，还有的属国已经露出了想要脱离夏朝的苗头。从前最为忠心和善战的昆吾，因为昆吾伯的离世，几乎已经和夏断绝了联系。挚感受到，如果现在商不出战，那将会导致天下大乱。灭夏的时机到了，于是挚迅速回到商。

由于挚的厨艺了得，所以在商邑他仍然掌管着厨房的相关事务，但是汤也会经常与他谈论治国之事。有一天，汤在花园散步时闻到了

铜矛

菜肴的香气，于是顺着味道来到厨房，夸赞只有挚做出来的饭菜才让人入口回味，久久不退。挚说："菜肴入锅之前一定要做好统筹安排，制作方法决定菜切改的形状，佐料需要提前预估好种类和用量，做菜既不能太咸，也不能太淡。治国如同做菜，既不能操之过急，也不能松弛懈怠，只有恰到好处，才能把事情办好。"汤听后哈哈大笑，只有他自己清楚，有这样一名充满智慧的"大将"在，何愁灭不了夏，自己大可蓄积力量，等待最佳的时机。

　　商国的冶炼术非常高明，他们铸造的青铜器比夏王桀的工匠们所铸造的更为精美、坚硬；他们的青铜兵器也比王师所用的更为坚韧、锋利；他们的马车长达一丈、宽达九尺，比夏的"辇"不知先进了多少倍。

盛开的花朵

汤从挈制毛皮的过程中受到启发，发明了用芒硝加黄米面硝制毛皮的方法，可使毛皮更加柔软，且厚薄更加均匀，色泽更加鲜艳。这样制作出来的牛皮盾牌更轻、更坚韧，数量也不受限制，这对士兵来说无疑可增加其战斗力。

暮春三月，园丁将园圃里的许多野菜移栽到肥沃土地上，除了使用粪便浇灌外，还使用硝土做肥料，使之产量提高，长势更好，口感更鲜嫩。他们还将吃不完的野菜用盐水腌上，或揉上盐晒成干菜，以备冬季食用。

转眼三年过去，商无论在军事、农耕、生活还是科技方面，发展速度都非常快，国力日渐雄厚，攻打夏的时机也日趋成熟，只差一些富有才干的智谋之臣，汤便可无所担忧了。

一日，挈熬了三碗羹汤，分别用玉器、铜器和陶器盛装，献给汤。汤见状感到很诧异，下意识觉得其中一定另有玄机，于是拿起玉汤匙在第一个玉碗中舀了一勺，喝下后立刻吐了出来，皱着眉不悦地说道："这么咸，这怎么下咽呢？"

"请大王用这青铜碗里的。"挈入商后就一直照商人的习惯称汤为"大王"。汤用铜汤匙在第二个青铜碗中舀了一勺，喝了一口，皱着眉说道："这一碗又这么淡，淡得叫人觉不出任何滋味！"

"再请大王用这陶碗里的。"挚满脸诚挚。于是汤用木汤匙从最后一个碗中舀了一勺，喝下后愉悦地说："这一碗汤味道真鲜美，我好像从没喝过这么好喝的汤。"说完很快就将一大碗汤喝了个底朝天。

挚见状，面色庄重地说："大王从这三碗汤中联想到了什么吗？"

果然不出汤所料，挚的行为的确另有含义，于是他不得不认真对待，仔细打量着美玉、青铜、粗陶三种质地相差悬殊的大碗，联系着里面盛的三种口味相差甚远的汤，深思了一会儿，这才说道："外表金玉，里面未必一定是金玉；反之，外表土木，里面未必没有金玉。这就是你想对我说的吧？"

"大王圣明。王室成员，就恰如这玉碗，贵族就恰如这铜碗，他们身份高贵，但肚里未必有好货色；对这种人，只可让他们享福，摆

夏商时期乳钉纹簋

汤

在那里受人侍奉，但不能让他们担任要职。庶民、奴隶恰同这粗陶碗，出身卑微，但肚里未必没有好货色；对这种人，就该不理世俗之议，大胆选用，破格提拔，委以国举。"

汤频频点头表示赞同，自己是该下狠心予以改变了，不然，商的发展就会受到巨大影响，自然无法战胜随时可能降临的灾难。

从此，挚被任命为司工（职掌土地与人民的大臣），古代把掌握管理大权的人称为"尹"，从那以后，人们就把挚称为"伊尹"。

知识加油站

商给后代留下的最大一笔遗产就是殷墟甲骨文，其中记载的疾病有二十多种，如疾首、疾目、疾耳、疾口、疾身、疾足、疾齿、疾骨、疾手、疾胸、疾腹等。

商代甲骨文

第六章

助商辅政逐太甲　五朝元老奉为尊

伊尹一心想着国家，为汤出谋划策，攻灭夏朝，为商朝立下汗马功劳，被任为右相。他先后扶立了汤、汤的儿子外丙、仲壬，汤的孙子太甲及曾孙沃丁五代，一生坦荡，饥寒不累其心，可谓商之"国老"。

在接下来的十几年里，商和夏展开了漫长的战争。在伊尹的辅佐下，汤英明决断，商军英勇冲杀，先后打败了有苏、韦国，桀退至西河，与昆吾族会合。虽然昆吾与夏疏离已经很长时间了，但是此番战争的主阵地在昆吾的地盘，以昆吾的立场，无论如何也是无法再观望了，而且昆吾的臣民都不希望成为商民，于是决定与桀放手一搏，挥师南下，向济水一带出征。两军在鸣条相遇，这是舜驾崩的地方。汤认为此地成为夏与商的决战之处，是高祖的指引，就商军来说，夏师如果是一条鱼，那么非得剥鳞、挖肠，桀才会露面。因此，汤便朝着夏师最厚实的侧腹展开猛烈攻击。但是夏兵的先头部队是昆吾，兵力集中，形成漩涡状使商军慢慢被困住。但商军的第三道防线颇为顽强，那是荆伯领导的部队，已开始将昆吾的锐气消耗掉。桀想乘胜追击，于是下令将绝大多数部队从夏阵营中调出，但是他却没有意识到，这一举动把自己内围兵力不足的缺点暴露了出来，犹如失去鳞片的鱼，完全裸露了肉质。这时忽然雷声狂作，伊尹观察天象以后，确定夏已无力回天。经过伊尹调教的斟鄩兵，水上作战能力十分强大，他们划着舟船，直接奔入夏军的中心。夏哪里能够抵抗商的水上战队，况且大雨滂沱，夏军的陆战队自然也受到了阻击。

　　鸣条战役之后，桀带着残兵奔往东方，进驻三朡；在此又败给商军，再往东逃，沿泗水而上，蛰守于郕；不久后此地沦陷，改道南下，

蓝天、河水

大雨滂沱

经过彭（今徐州市），来到淮水附近。在这个时代，只要一过淮水，就不算是中华之地了，汤决定不再追击，再追击就是可耻的了。汤在驱逐桀之际，西方安然不动，这要归功于坐镇河南的伊尹，他发挥了卓越的执政能力。

商军此番征讨，算是大胜。商兵们凯旋，看到了一年未见的妻儿，商军上下发出一阵狂热的欢呼。

汤将夏王流放于南巢，夏王朝终告灭亡。

汤成了第一代"商王"。中国历史上一个新的奴隶制王朝——商朝，从此诞生了。

汤登上王位两年后，桀去世，临终之地在亭山（今安徽省巢湖北岸）。汤获知桀的死信，立即禁止音乐和舞蹈，以示哀悼之意。此时汤自称"履"，可能有履行夏王桀之后的意味。众人为称许汤的功成名就，

尊奉他为"成汤"。

汤将每年的初始月比夏历的时间提早约一个月；把朝服的颜色改为白色；将朝议的时间由早上移至正午，因为正午的太阳是白色的。

在后世，孔子被弟子颜渊问到该如何治国时，孔子回答："行夏时。"也就是说，在夏、商、周的历法中，以夏历最佳。夏历的正月是以现在所谓的立春为起始的。

由于灭夏的战争，前后产生了很多战俘奴隶，奴隶制在商时达到鼎盛。

由于成汤、伊尹"禁打三春鸟""禁捕产卵鱼""禁猎怀孕兽""禁止纵火焚林垦荒""禁止贵族私杀私刑奴隶"等，商朝的生产发展没有以破坏生态环境为代价，文明程度空前提高。

汤在位十三年，取得了巨大的成绩，但是在这期间曾经发生了一

日落

次几乎令汤丧命的灾难。

那是一场旱灾，不仅仅是普通的干旱，而是所谓的大旱，历时七年。百姓都认为是桀在作祟，这样的天灾意味着汤王的失德。尽管举行了很多次求雨的祭典，也无济于事，汤暗自决定牺牲自己以完成必须"见血"才能改变灾难现状的祭典。决意一死的汤暗自造访伊尹的住宅，他最挂心的还是自己的子孙。

"我知道外丙和仲壬都太软弱，我只能把他们托付给你。如果你认为他们都是无可救药的庸主，那么立我的孙子太甲也无妨。"

附带一提，汤的长子为太丁，但太丁的生母并非有莘氏的女儿。有莘氏的女儿嫁给汤之后，生下两个孩子，分别是外丙和仲壬，说不定他们和汤的孙子太甲年龄相差不多。古代的继承方法是兄终弟及制，就是哥哥死了，传给二弟；二弟死了，传给三弟；最后一个弟弟死了，再传给哥哥的长子。

"臣遵旨。不过，大王大可不必投入火中，现在风向已变，云也变了，可能即将下雨。"

汤微微一笑，心想伊尹的预言的确不曾有误过，但他自己也做好了牺牲的准备。

汤进行了斋戒，穿上最粗陋的布衣，头缠白色茅草，乘坐白马拉的素色座车，来到了祭祀的地点——桑林中的神社。

干旱

汤液之祖

TANG
YE
ZHI
ZU

108

伊尹

YI
YIN

　　汤跪坐于地进行祷告，随即烧杀牧牛。火焰蔓延，神殿内越来越高的唏嘘声慢慢在桑林中扩散。伊尹抬头望向天空，只见乌云迅速成团，形状像龙一样，并快速下降。

　　神降临了！伊尹激动得胸口颤抖。

　　这时，汤已经站在柴堆上，对着神坛击掌之后，说："罪不在万方之民，罪在我一人，请勿以我一己之罪，殃及万方之民。"

　　就在这时候，细微的声音在桑林四处响起。那是雨滴打在桑叶上的声音。

　　众人仰望着天空，一片嘈杂。

　　"下雨啦……"声音四起，随即变成一片欢呼。汤睁开眼睛，眼前的一切开始模糊，只有满眼的滂沱大雨。

　　汤被众人扶起，一边看着喜极而雀跃的民众，一边跨下柴堆，眼

乌云密布

里泛出了泪花。

贾谊的《新书》如此记载：汤战败七年干旱，是因为他有十年的蕴蓄。这意味着汤在内政上的胜利。

时间是在晚冬，十二月。

汤于临终之际，召唤伊尹到身边，并对家人说："我死后，一切都委托给伊尹。伊尹说的话，就是我说的话。"

最后，他还喘着气说："守成之勇甚于开基之功……"

因为汤目睹了夏是如何衰败的，所以他深知凡事开始容易，长久持守则困难得多，并且对于资质远逊于桀的诸子的未来，他更是无比担心。

汤王驾崩。

王室立即发丧。

贾谊《新书》

　　成汤的长子太丁，死在了成汤的前面。伊尹做主，让太丁的二弟外丙当了天子。外丙恪遵汤王遗志，登上王位的同时，便任命伊尹为卿（首相），但却在三年服丧期即将结束前驾崩。伊尹又推外丙之弟仲壬登基。然而仲壬也只做了四年天子，便不幸驾崩。伊尹就立太丁的儿子，也就是成汤的嫡长孙太甲当了天子。

　　早就对这种兄终弟及制度不满的太甲满心不快，王位本应是自己的，却让自己的叔父们做了两代的大王。于是太甲登基后，故意在服丧期间大肆吃肉，大开歌舞之宴。他执政后看见四方臣服，风调雨顺，五谷丰登，国势正处在兴旺时期，于是开始不遵汤法，不理政事，贪图享乐，对不顺从他的人任意处罚和杀戮。伊尹对他进行教育，给他讲述夏桀暴虐伤民、失德而亡国的历史教训；讲述他的祖父成汤是如

伊尹

何反对暴虐、爱护人民而得人心，因而灭夏建商的过程。可是太甲出于对之前伊尹未能让他继位的怨恨，根本不把伊尹的话放在心上，甚至故意与伊尹对着干。后来伊尹又教导太甲要做一个管理好国家政事的大王，不要只知享乐而不理朝政，太甲仍然不听。伊尹再次劝告太甲要遵守成汤之法，不要乱德。太甲不但不听，反而认为伊尹是想要篡夺他的王位。

在太甲统治期间，商朝政治腐败，他的执政行为完全与汤的做法相反，伊尹多次教育都没有效果。在这种形势下，作为商朝的第一开国功臣，德高望重的三朝元老，为了拯救成汤的事业，伊尹不得不采取惊天动地的断然措施。在太甲继位的第四年，伊尹下令把太甲放逐到汤所葬的皇陵——王都郊外的桐宫（今河南偃师附近），让太甲在那里服丧，并反省思过。伊尹自己摄政处理国家政事，接受诸侯的朝见。

太甲被禁足在桐宫，见祖父汤虽为开国君王，墓地却十分简陋。他又从守墓老人那里了解到祖父许多艰辛创业、仁厚省俭的旧事，对照自己的所作所为，深感内疚。服丧期间，他入口的都是清淡的食物，穿的也只是简陋的短衣。

当时嗣王必须忍受这种简陋生活三年，外丙和仲壬都因体力衰竭而死，但太甲却适应了如此严酷的环境。太甲在桐宫被囚了三年，也觉悟到自己即位以后的所作所为是不对的，又经伊尹的反复劝教，于是悔过自责，表示一定会改恶从善。在服丧三年期满之时，伊尹打算把太甲接回王都，还政给他。

太甲在伊尹前来迎接时身体已相当瘦弱，但却以清晰的口吻说："有劳您了。外面情况如何？"

"天下太平。万民都在等待嗣王归来。"

太甲继续执政以后，痛改前非，效法成汤，以德治民，人民得以安居，四方诸侯年年都来朝贡。伊尹见太甲能继承商汤的统治，非常高兴，率诸臣朝贺。

德高望重的宰相放逐不称职的君主，之后又将改过自新的君主迎接回来，在中国的文明史上，是史无前例的第一次，成为中国古代史上流传千古的佳话，也充分表现了伊尹的超人胆识、非凡气魄和大公无私之心。放太甲于桐宫，集中反映了伊尹"民为重、君为轻、社稷

次之"的可贵思想，更加体现了伊尹"君不贤则谏，屡谏不听则放之"的贵族民主政治精神。这既是伊尹对商朝更高层次的无限忠诚，又是君臣关系的千古典范，更是对中国古代政治做出的无与伦比的杰出贡献，其历史功绩至今还闪烁着夺目的光辉。

伊尹已年逾六十，为了朝政，更为了给太甲和群臣树立榜样，他没有将孙辈从儿子们那儿接回来，宅中只留下一个车夫、两个侍卫和一个做饭洗衣的老女仆，粗茶淡饭，过着苦行僧一般的生活。

太甲得知，再三请求伊尹自奉不要太苦，但是伊尹却规劝太甲以江山社稷为重，个人享乐并不可取。太甲深受感动，也将自己的宫女裁减至数十人，每餐膳食限定八菜一汤。

群臣得知后，也纷纷裁掉自己的舞女歌姬，每餐膳食限四菜一汤。

菜

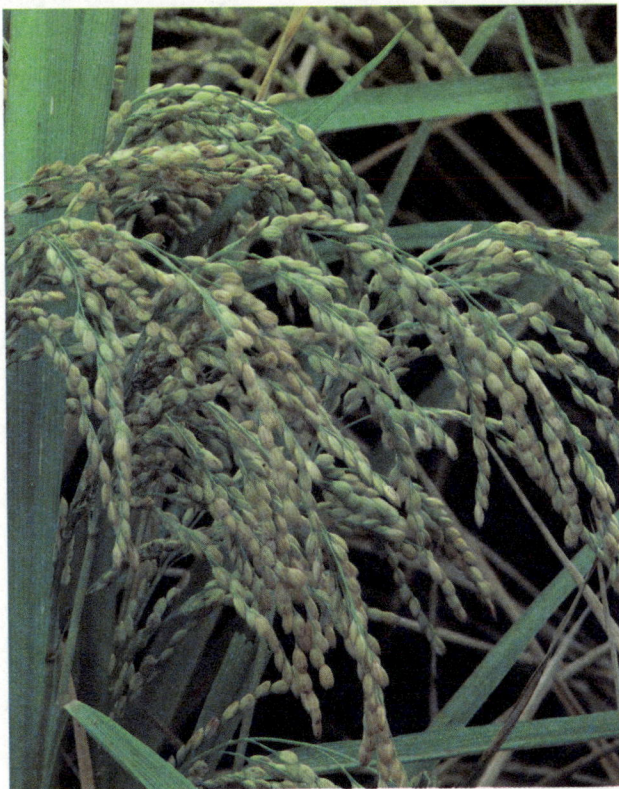

麦子丰收

就这样，节俭之风吹遍商境，七八年之后，官仓大实，民贮大丰，家给人足，国富民康，路不拾遗，夜不闭户，乡下没有游民，城里没有乞丐。

后来，太甲感佩伊尹的卓越政绩，尊称他为"阿衡"，意思是"公正如秤量"，这是最高的赞辞。

不知不觉到了伊尹的九十岁寿辰。

伊府这一次热闹非凡，须发皆白的孙子，年逾四十的重孙，年逾二十的五世孙和方才学步的六世孙，乃至全国前来贺寿的晚辈，有不下千人。诸后和官员们见了，无不称奇艳羡，纷纷询问接受众人祝贺的伊尹："衡公，您年逾九十，依然身子硬朗，脚力强健，牙齿完好，还能嚼得动炒黄豆，眼不花，耳不聋。除了您擅长医术，烹得一手营养健康的饭菜之外，一定是有长生不老的秘方吧？可否向我们透露一二？"

伊尹想了想，笑着点头道："秘方自然有，不过，这秘方是我耗费了几十年的心血所得，不能白送啊！诸后都是富豪，不愁没钱，只怕无寿，若能增寿一年，用一千黄金去换也是乐意的吧？我也不多取，希望获得秘方的，只要出十两黄金，我就将秘方刻在木板上给他。只要照方服用，我保证他添寿十岁。"

众人听了，欣喜万分，连呼"我愿要"，并纷纷献上黄金。没多一会儿，客人们献出的黄金已逾数千。伊尹见求方的客人众多，又笑着说道："想不到有这么多人要，刻木也太麻烦、太费时，我就索性将秘方公之于众吧，望诸位照方服用，坚持不懈，自有奇效。"

众人大喜，赶快屏住呼吸仔细听。

"这秘方一共有五味药，可以概括为'五心'，"伊尹声如洪钟："第

一是仁心，多做善事，莫做坏事；第二是慈心，善待动物，少吃荤腥；第三是淡心，淡泊名利，不求奢华；第四是义心，见人危难，挺身相助；第五是勤心，多些劳作，少些安逸。"

伊尹说罢，大厅中一片哗然，有大笑鼓掌的，有大呼上当的，有笑骂伊尹骗人钱财的，有人甚至跳起来质问伊尹道："您收了我们的黄金，就该出示真正的秘方，为何用这些不着边际的话来搪塞？"

伊尹向众人摇摇手，压住他们的议论纷纷，这才正色说道："这五心确实是我长寿的奥秘，并非不着边际的空话、假话、骗人的话。我就第一心解释给你们听吧：有仁心，多做善事，时时心情愉快，得到别人的祝福；不做坏事，就吃得香甜，睡得安稳，无犯罪受惩之忧，无良心自责之苦，不受别人的诅咒，岂不长寿？其余四条，我就不用解释了，其中的意义你们自然明白。"

治大国若烹小鲜

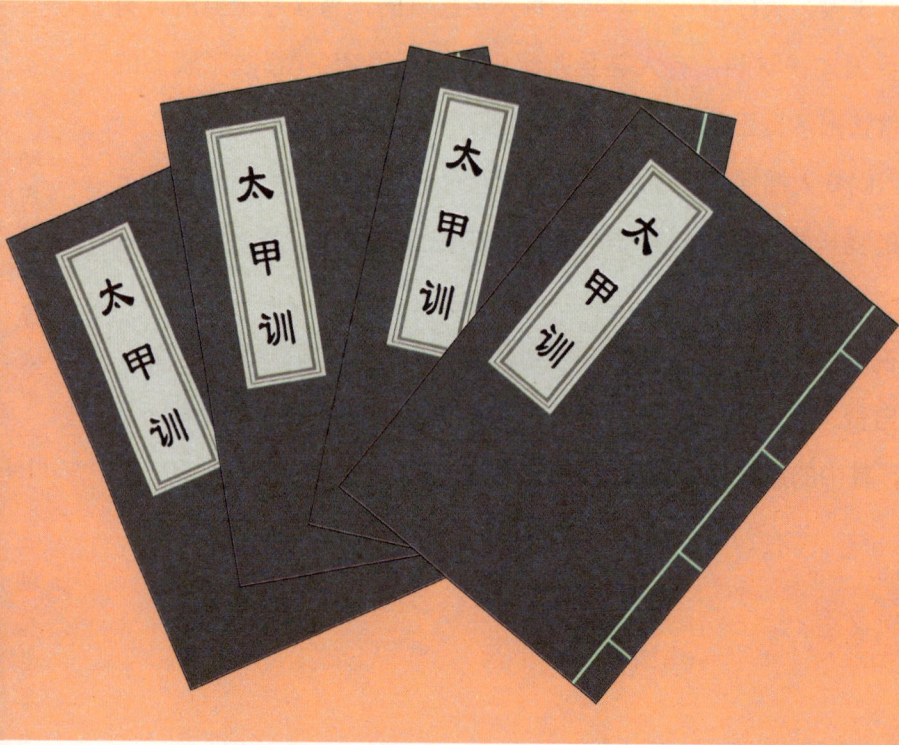

《太甲训》

伊尹身旁的近臣连连鼓掌，大声对众人说道："伊公的话不是戏语，不是空言，更不是骗人的假话。伊公从小精研庖厨之道，十六岁认识百种草药，可以救治病人，四十二岁为相，在他漫长的六十四年从政生涯中，他释放过多少奴隶，救过多少人的性命，解过多少人的危机，数也数不清。天下有多少人都祝他长寿无疆，数也数不清。他为相期间，处罚过不少有过失的官员，然而，就算是这些人，也是对他心服口服，因为他是为公道正义，而不是为私利处罚他们。他这种圣人，怎么不会长寿呢？他的'五心'秘方，不仅是修身做人的指南，也是持家治国的指南；不仅庶民可用，君王大臣亦可用，是无价之宝啊！"

大厅里立即响起暴风雨般的掌声和赞美声，经久不息。

太甲死后，伊尹作了《太甲训》三篇，记叙太甲能听教诲、知过自改、继承商汤事业的事迹，并尊太甲为"中宗"。

据《史记》记载，伊尹死于太甲的下一任大王沃丁的时代，终年一百余岁。《尚书》也记述：沃丁葬伊尹于亳。

伊尹一心为国家的振兴贡献力量，毁誉不干其守，所以活得自由自在，广受感念，逝世后一直为商室所祭祀。

知识加油站

唐代诗人李白写了一首《纪南陵题五松山》的诗赞颂伊尹："桐宫放太甲，摄政无愧色，三年帝道明，委质终辅翼。"通过对"伊尹放太甲"一段历史传说的叙述，说伊尹有"非君为君之所宗"的尊严。

后记

关于伊尹身世的考证，《帝王世纪》云："伊尹，力牧之后，生于空桑。"《路史·前纪三》云："空桑氏，以地纪空桑者……若乃伊尹之生，共工氏之所灌，则陈留矣。"《吕氏春秋》《古史考》等俱言尹产空桑。

关于伊尹自幼学习庖厨本领的考证，《甲乙经·序》："伊尹以亚圣之才，撰用神农本草，以为汤液。"

汤液的创制，不但通过草药用量的不同配比提高了药物的疗效，还减弱甚至去除了植物原本的烈性和毒性，这也标志了方剂的诞生。

关于伊尹官职的考证，伊尹在文献记载、青铜铭文、甲骨卜辞中有多种官职称谓，将文献中出现伊尹官职的年代进行排序，可以发现一些端倪。《竹书纪年》云："太甲名至，元年辛巳，主即位，居亳，命卿士伊尹。"《书序》《韩诗外传》《尚书传》等言伊尹为相。可见伊尹的官职就是小臣，相当于后世的宰相一职。